RONDO

Arbeitsheft 2

Musiklehrgang für die Grundschule

Inhalt **Seite**

Autor
Wolfgang Junge

Notensatz
Susanne Höppner

Illustrationen
Elisabeth Lottermoser
Assen Münning

Mildenberger

Sprich die Reimanfänge, zähle die Silben und ordne sie den Balken zu.

Die Reimanfänge sprechen, die Silben zählen und mit der jeweils passenden grafischen Notation verbinden

Höre die Musik und male dazu.
Welche Notenzeile passt zur Musik?
Verbinde die Notenköpfe mit einer farbigen Linie.

1

Gerda Bächli

2

Edvard Grieg

3
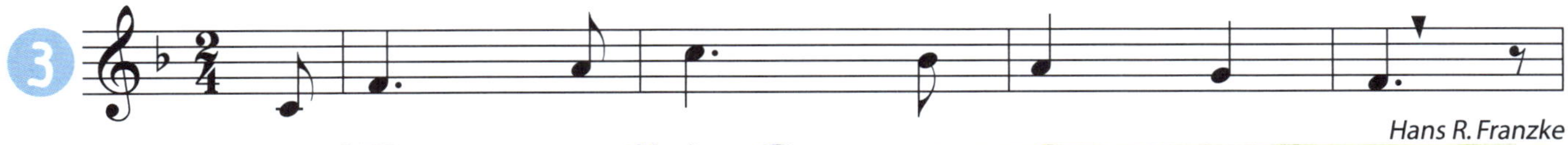

Hans R. Franzke

A 59 hören und die Musik grafisch oder in einem Bild umsetzen; A 59 erneut hören und dabei die Melodielinie mit der Hand anzeigen; die dazu passende Notenzeile finden und die Notenköpfe mit einer farbigen Linie verbinden

Weihnachtsmusik

Welche Instrumente hörst du? Kreuze an und zähle dann zusammen.

	1	2	3	4	5	6	Insgesamt
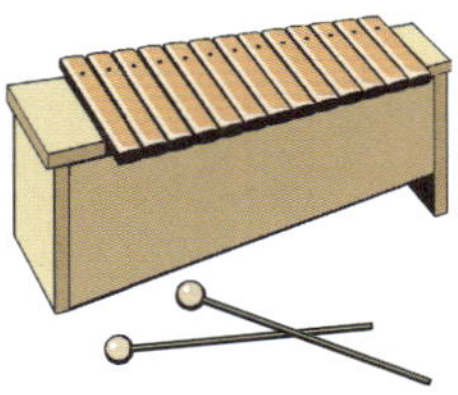							

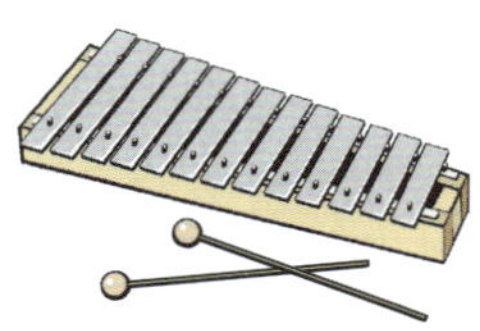							
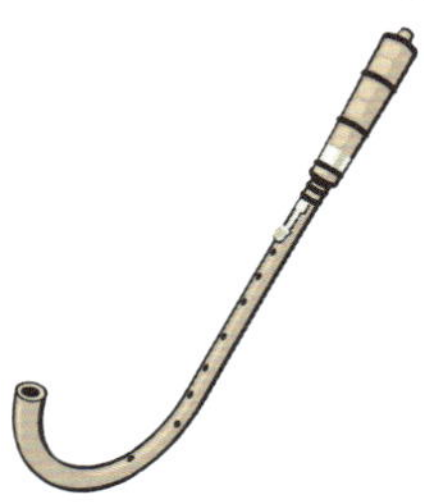	X						

	X						

B 1 bis 6 hören; nach jedem Ausschnitt die gehörten Instrumente ankreuzen; die Kreuze jedes einzelnen Instruments zusammenzählen und die Summe in das jeweils letzte Kästchen eintragen

Die Schneeballschlacht

Singe das Lied „A, a, a, der Winter, der ist da".
Welche Schneebälle sind so angeordnet wie der B-Teil des Lieds?
Male sie aus.

Das Lied „A, a, a, der Winter, der ist da!" singen und den Melodieverlauf mit der Hand anzeigen; die Melodielinie des B-Teils in das Bild eintragen, indem die entsprechenden Schneebälle ausgemalt werden

Welche Instrumente passen zu welchem Bild? Höre und ordne zu.

B 17, 15 und 18 hören und über die Klangeigenschaften der Instrumente sprechen; die drei Bilder mit den jeweils dazugehörigen Instrumenten verbinden

Sprich die sechs Bausteine mit unterschiedlichen Lauten.
Erfinde mit diesen Bausteinen eine Maschinenmusik, male sie auf und trage sie vor.

Die sechs Bausteine mit unterschiedlichen Silben und Lauten sprechen; mit diesen Bausteinen eine Maschinenmusik erfinden und sie unten notieren; sich wie eine Maschine aufstellen und die Ergebnisse vortragen

Selbst gebaute Instrumente

zu Seite 72, 73

Spiele auf den Instrumenten und kreuze sie in der richtigen Farbe an.

X = zupfen   X = schlagen   X = blasen   X = schütteln

Die Instrumente spielen, nach Spielweise ordnen und mit den entsprechenden Farben kennzeichnen

Beschrifte die Teile der Blockflöte.

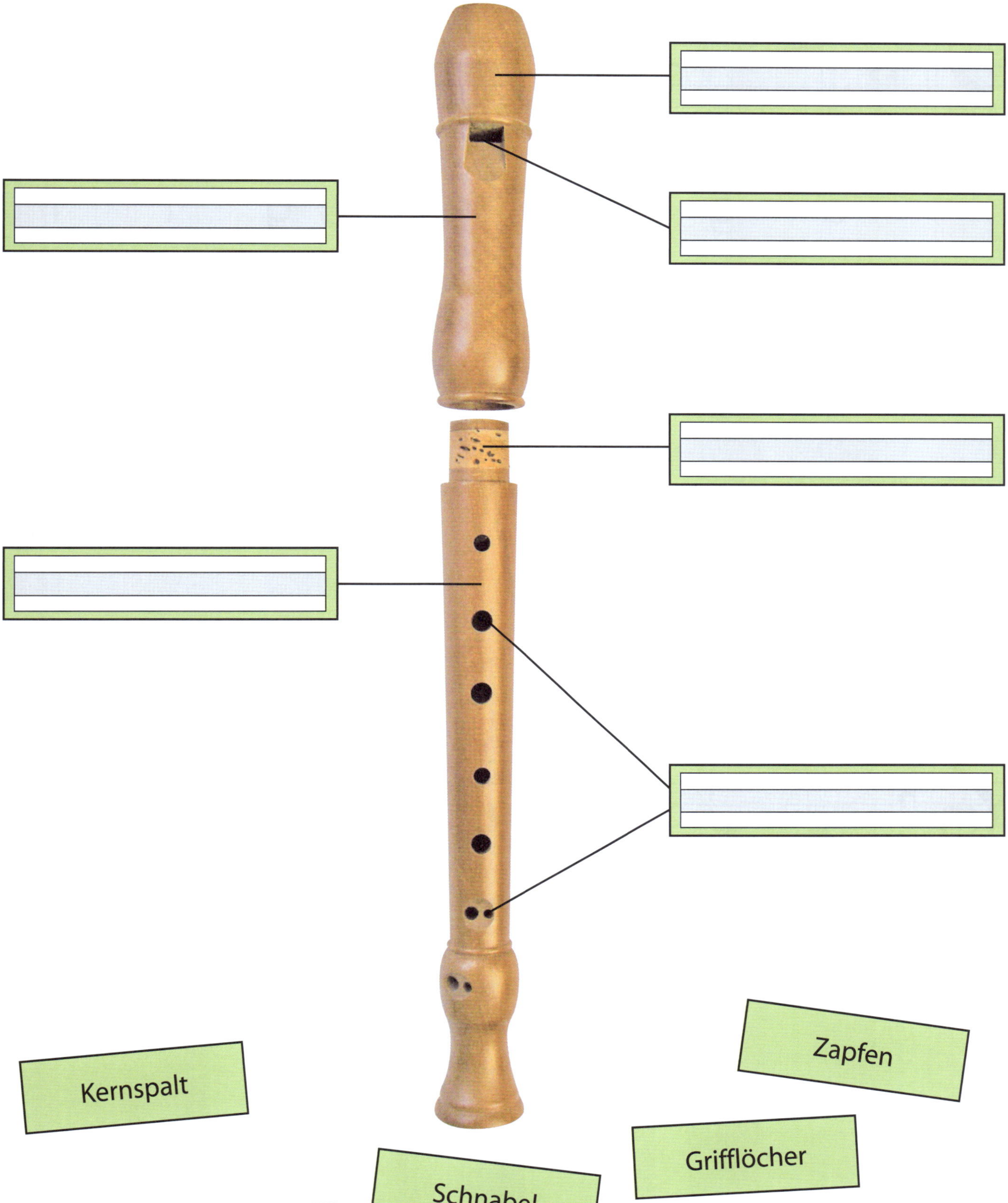

Kernspalt

Zapfen

Grifflöcher

Schnabel

Flötenkörper

Flötenkopf

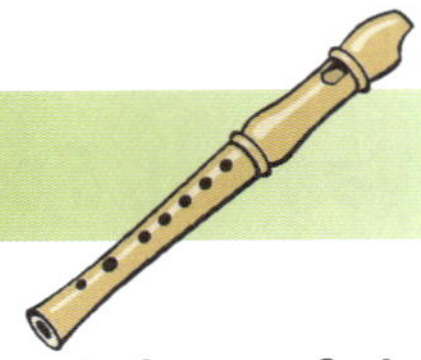

Klatsche den Rhythmus, spiele auf der Blockflöte und fülle die Grifftabelle aus.

Ton **a** | Ton **g** | Ton **f** | Ton **f** | Ton **a** | Ton **g** | Ton **f** | Ton **f**

Ton **f** | Ton **g** | Ton **a** | Ton **a** | Ton **g** | Ton **f**

Den Melodierhythmus des Zwischenspiels zu „Guten Morgen, liebe Sonne“ mit Körperinstrumenten umsetzen; das Zwischenspiel auf der Blockflöte spielen und dann die Grifftabelle ausfüllen

Instrumente – Aussehen, Namen, Spielweisen I

zu Seite 75

– Ordne die Instrumente den Namen und den Schattenbildern zu und markiere die Instrumente mit verschiedenen Farben.

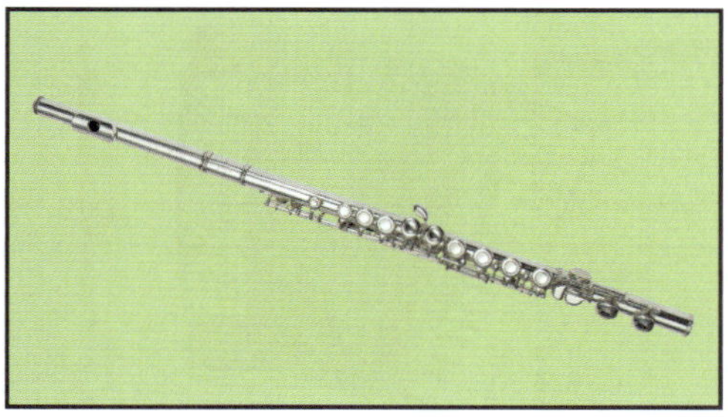

Violine

Kontrabass

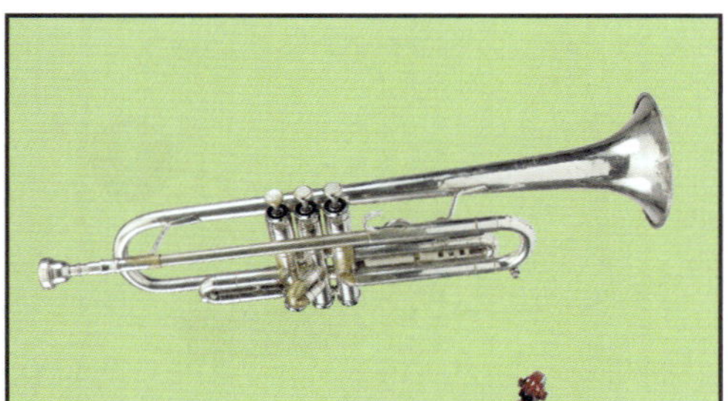

Pauke

Querflöte

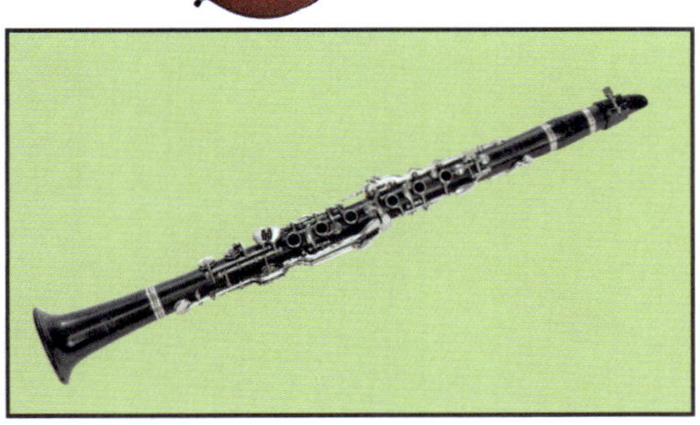

Klarinette

Trompete

Die zusammengehörenden Schattenbilder, Instrumentennamen und Abbildungen jeweils durch Linien verbinden; die Blasinstrumente, die Streichinstrumente und das Schlaginstrument jeweils mit einer anderen Farbe einkreisen

Instrumente – Aussehen, Namen, Spielweisen II

zu Seite 75

Ordne die Instrumente den Namen und den Schattenbildern zu.
Mach die Bewegungen nach und spiele damit ein Ratespiel.

Vibraslap

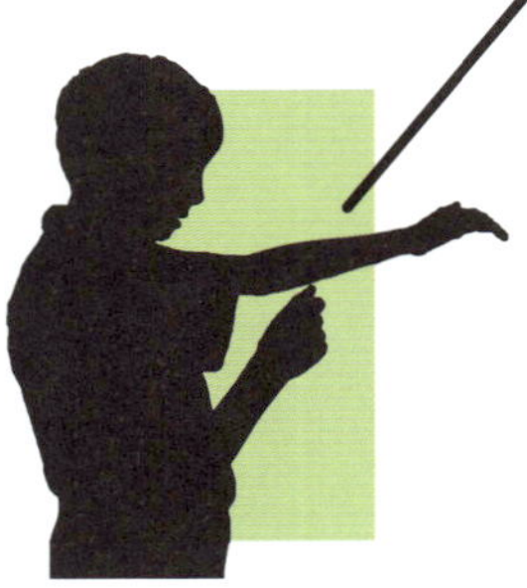

Blockflöte

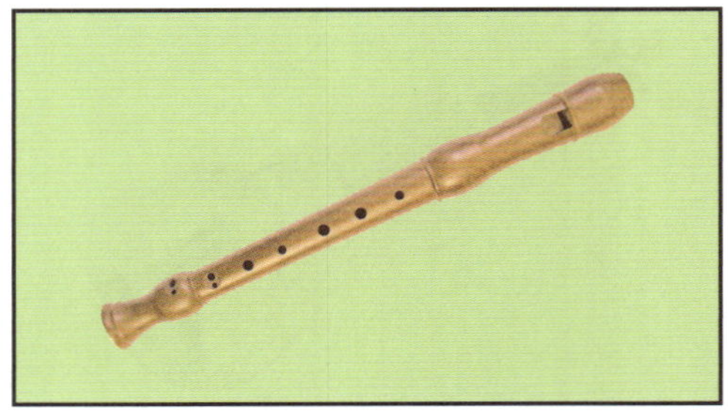

Akkordeon

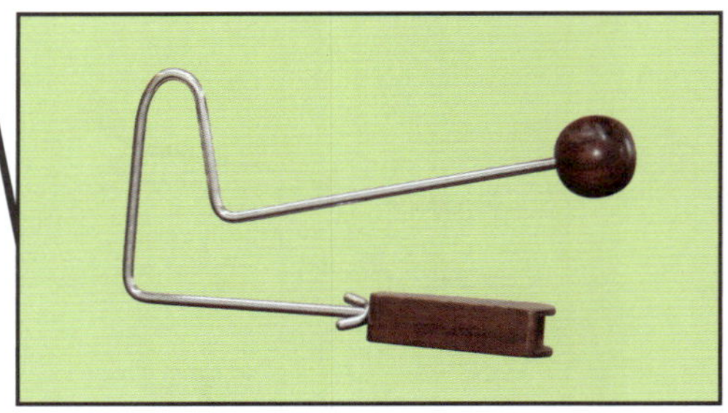

Glockenspiel

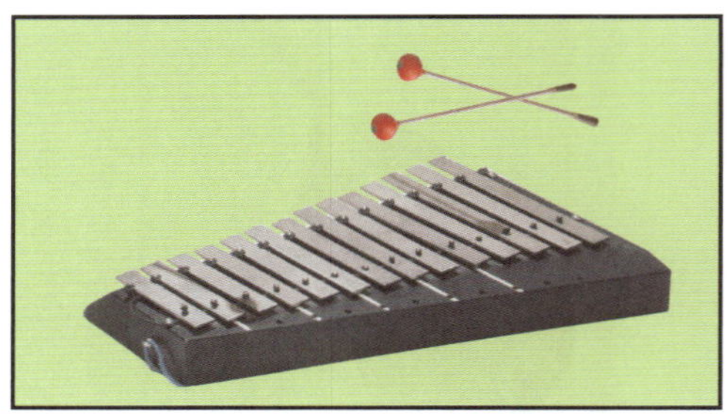

Klavier

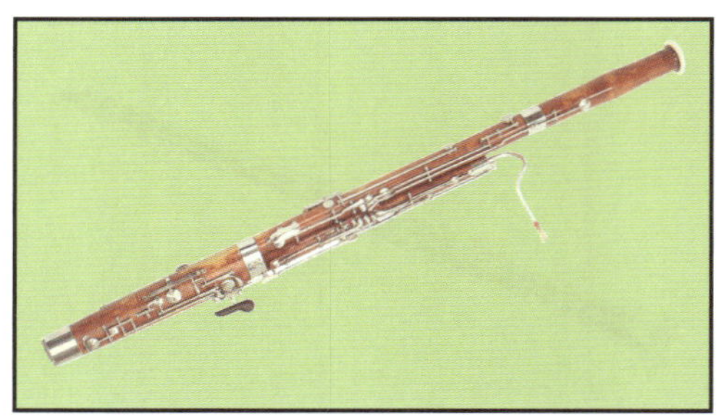

Fagott

Die zusammengehörenden Schattenbilder, Instrumentennamen und Abbildungen jeweils durch Linien verbinden;
die Schulinstrumente, die Blasinstrumente und die Tasteninstrumente jeweils mit einer anderen Farbe einkreisen; ein pantomimisches Ratespiel machen

Welche Instrumente sind auf allen drei Lastwagen zu sehen?
Kreise ein und schreibe auf.

Diese Instrumente sind auf allen drei Lastwagen zu sehen:

Drei Musikgruppen fahren auf Konzerttournee; ihre Instrumente haben sie auf Lkw geladen; diejenige Instrumente einkreisen, die auf allen 3 Lkw zu sehen sind; deren Namen notieren; Instrumente: Akkordeon, Gitarre, Klarinette, Kontrabass, Querflöte, Violine

Tanzfiguren

Tanze die Figuren nach. Ordne die Wörter den Bildern zu und schreibe sie auf. Erfinde einen Tanz mit den Figuren.

Zweierreihe

Gasse

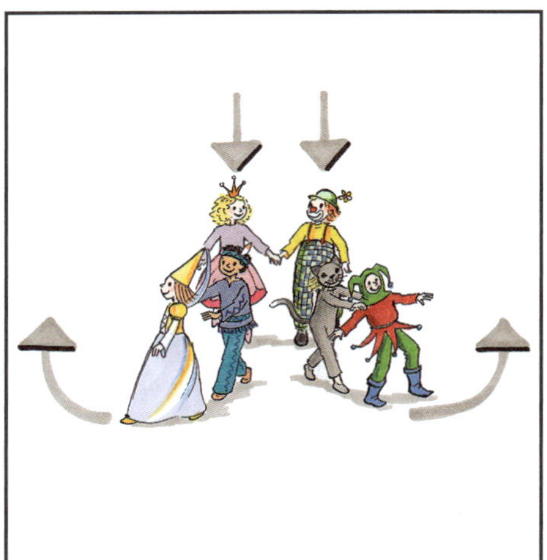

Kreis

Umzug

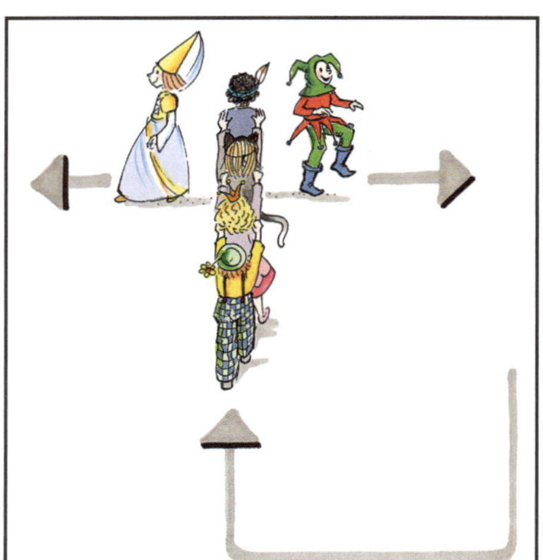

Schlange

Teilung

Die Figuren nachtanzen; die Bilder mit den passenden Namen der Tanzfiguren verbinden und die Wörter unter das jeweilige Bild schreiben; aus den Tanzfiguren einen eigenen Tanz entwickeln

1. Trage den Abbau und den Aufbau der Wörter ein.

W A N Z E
W A N Z

T A N Z E N
T A N Z

2. Trage den Abbau und den Aufbau der Wörter ein.
Singe das Lied „Auf der Mauer" mit diesen Wörtern.

A M S E L

S I N G E N

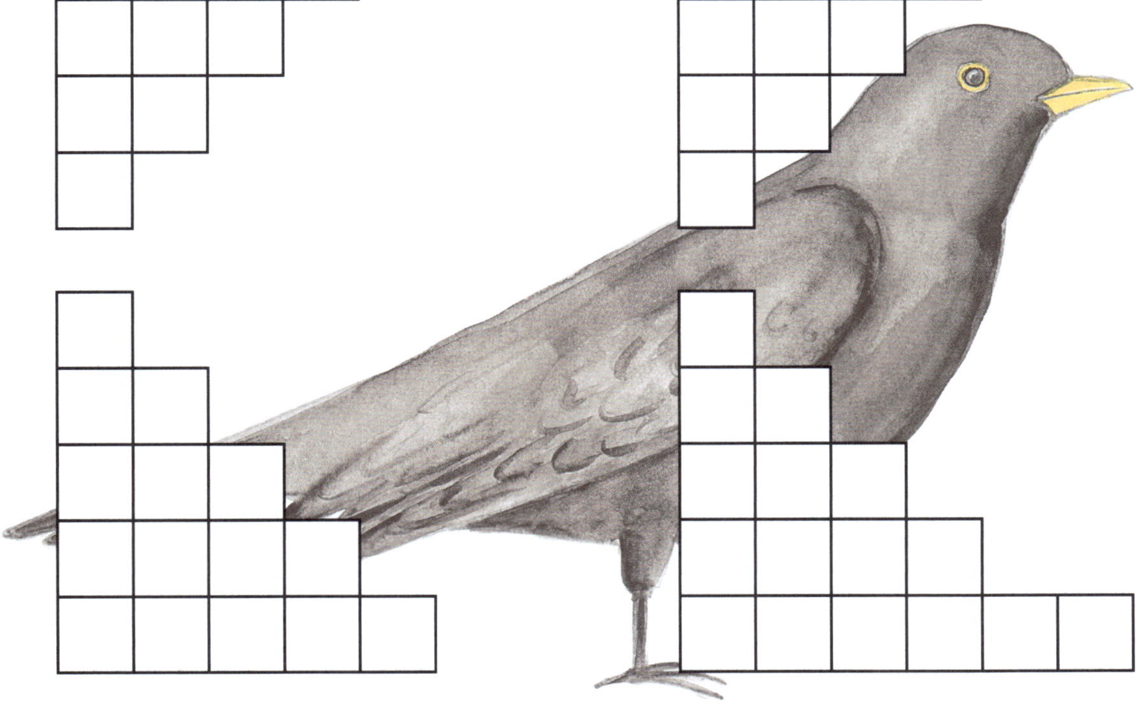

1. Den Ab- und Aufbau der Wörter entsprechend eintragen
2. Den Ab- und Aufbau der Wörter entsprechend eintragen und das Lied „Auf der Mauer" mit diesen Wörtern singen

Tierlaute

Sprich die Tierlaute und spiele damit ein Ratespiel.
Trage die richtigen Tierlaute unter die Bilder ein.

gackgackgack | töröö | krah | grunz | miau | sssss | kuckuck | i-ah | piep | brumm | summ summ | wuffwuff

Esel

Kuckuck

Elefant

Katze

Rotkehlchen

Mücke

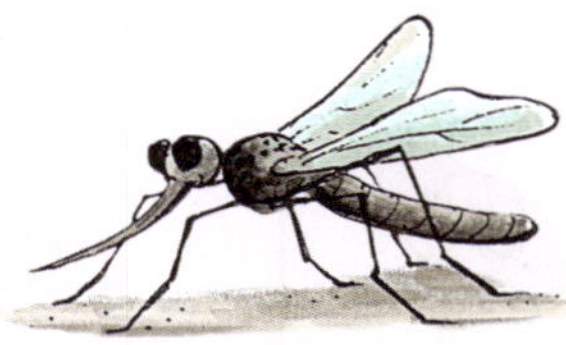

Gans

Biene

Krähe

Die Tierlaute sprechen und damit ein Ratespiel spielen; die Tierlaute zu den passenden Bildern schreiben; Achtung: Drei Laute bleiben übrig

Königlicher Marsch der Löwen

Höre die Musik und kreuze die richtigen Antworten an.

1. Welche Instrumente spielen in diesem Stück?

- ☐ Klavier, Geige, Kontrabass
- ☐ Querflöte, Klarinette, Saxofon
- ☐ Geige, Trompeten, Pauken

2. Wie oft wird Teil A gespielt?

- ☐ fünfmal
- ☐ zweimal
- ☐ viermal

3. Welches Instrument spielt die Einleitung?

- ☐ Tuba
- ☐ Klavier
- ☐ Kontrabass

4. Welche Melodielinie passt zur Melodie von Teil B?

Teil B =

- ☐ 
- ☐ 
- ☐ 

1. Instrumente einzeln hören (B 25/27/29/33, D 38–41); C38 hören und die richtige Antwort ankreuzen
2. C 38 hören und die richtige Antwort ankreuzen
3. Instrumente einzeln hören (B 29/38, D 40); C 38 hören und die richtige Antwort ankreuzen
4. C 38 hören und die richtige Antwort ankreuzen

– Höre die Musik und male zu den drei Teilen passende Klangzeichen.

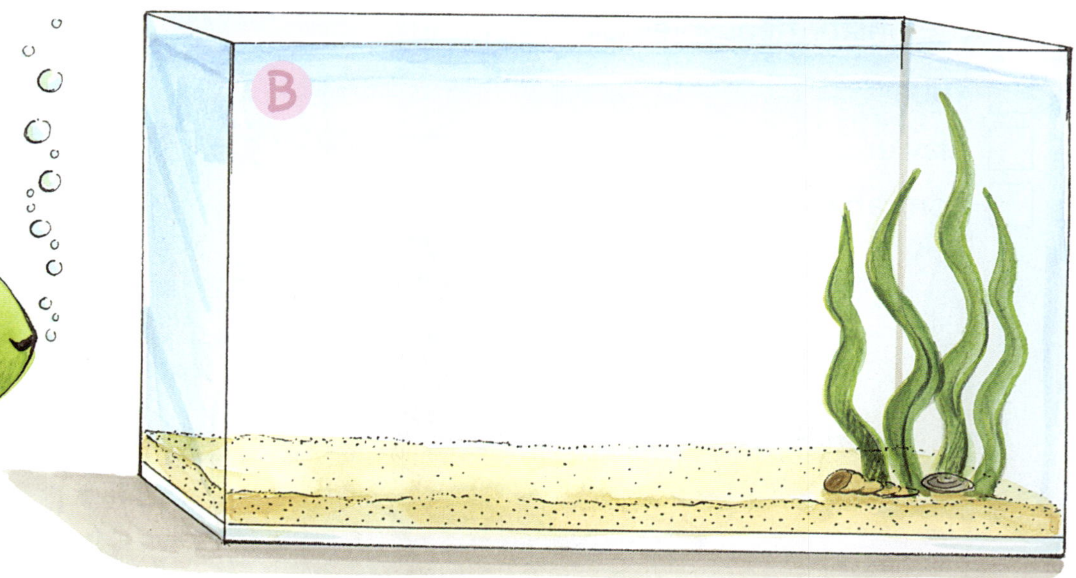

C 39 hören und die drei unterschiedlichen Teile A, B und C erkennen; zu diesen drei Teilen dann passende grafische Zeichen in das jeweilige Aquarium malen

Komm, stell dich mal mit mir in den Wind

Trage die richtigen Wörter ein. Singe das Lied und bewege dich dazu.

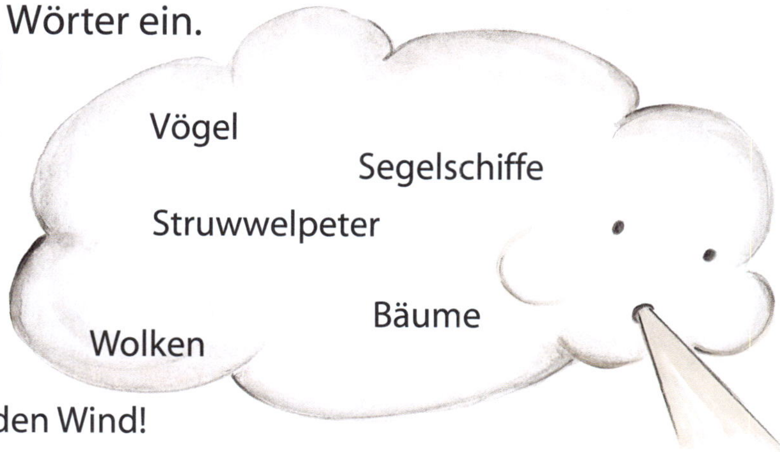

1. Komm, stell dich mal mit mir in den Wind!
   Dann spielen wir, dann spielen wir,
   dass wir zwei starke __________ sind.

2. Komm, lass dich einfach treiben im Wind!
   Dann spielen wir, dann spielen wir,
   dass wir zwei __________ sind.

3. Komm, lass die Haare zausen im Wind!
   Dann spielen wir, dann spielen wir,
   dass wir zwei __________ sind.

4. Komm, lass die Arme fliegen im Wind!
   Dann spielen wir, dann spielen wir,
   dass wir zwei schnelle __________ sind.

5. Komm, mach dich leicht und weich im Wind!
   Dann spielen wir, dann spielen wir,
   dass wir zwei weiße __________ sind.

Dorothée Kreusch-Jakob

Das Lied singen und die dazu passenden Bewegungen ausführen; die Wörter aus der Wolke in die richtigen Lücken eintragen

Klatsche und sprich den Text. Male die passenden Balken über den Text. Erfinde eine Eisenbahnmusik. Achte dabei auf die Wortkarten.

schnell

langsamer werdend

laut

langsam

schneller werdend

leise

Den Text klatschen und sprechen; die passenden Balken über dem Text eintragen; jeden verwendeten Balken-Baustein durchstreichen; eine Musik gestalten, die eine Eisenbahnfahrt mit Start und Ziel darstellt; sich dabei von den Wortkarten anregen lassen

1.  Jede Flasche stellt einen Ton dar. Ordne die Flaschen von tief zu hoch.

	1			

2.  Singe die Liedanfänge und ordne die Flaschen nach der Melodie des Liedanfangs.

Kuckuck, Kuckuck

1	3	2	4	5	7	6	8

Großer König Tinizong

Summ, summ, summ

		6		5	4	7	8

1. Flaschen unterschiedlich hoch mit Wasser füllen; Flaschen anblasen und von tief nach hoch mit Rangzahlen versehen
2. Die Liedanfänge singen und die Melodieverläufe mit der Hand anzeigen; die Flaschen anblasen, entsprechend der Töne der jeweiligen Liedanfänge ordnen und mit Rangzahlen versehen

Erfinde ein Sprechstück mit den Tier- und Pflanzennamen und schreibe es mit Worten und Balken auf.

Ein Sommerwiesen-Sprechstück mit diesen Tier- und Pflanzennamen erfinden; das Sprechstück unten notieren

Erfinde einen Zwergentanz und schreibe den Ablauf auf.

viermal Tipp rechts

in die Mitte gehen

im Seitgalopp durch den Raum

eine Gasse bilden

sich drehen

?

viermal Tipp links

in Kreuzfassung tanzen

Ablauf:

In Gruppen zur Musik „Zug der Zwerge" (D 9) einen Zwergentanz mithilfe der Wortkarten erfinden; den Ablauf notieren

Wolfgang Amadeus Mozart

Trage die richtige Lösung ein.

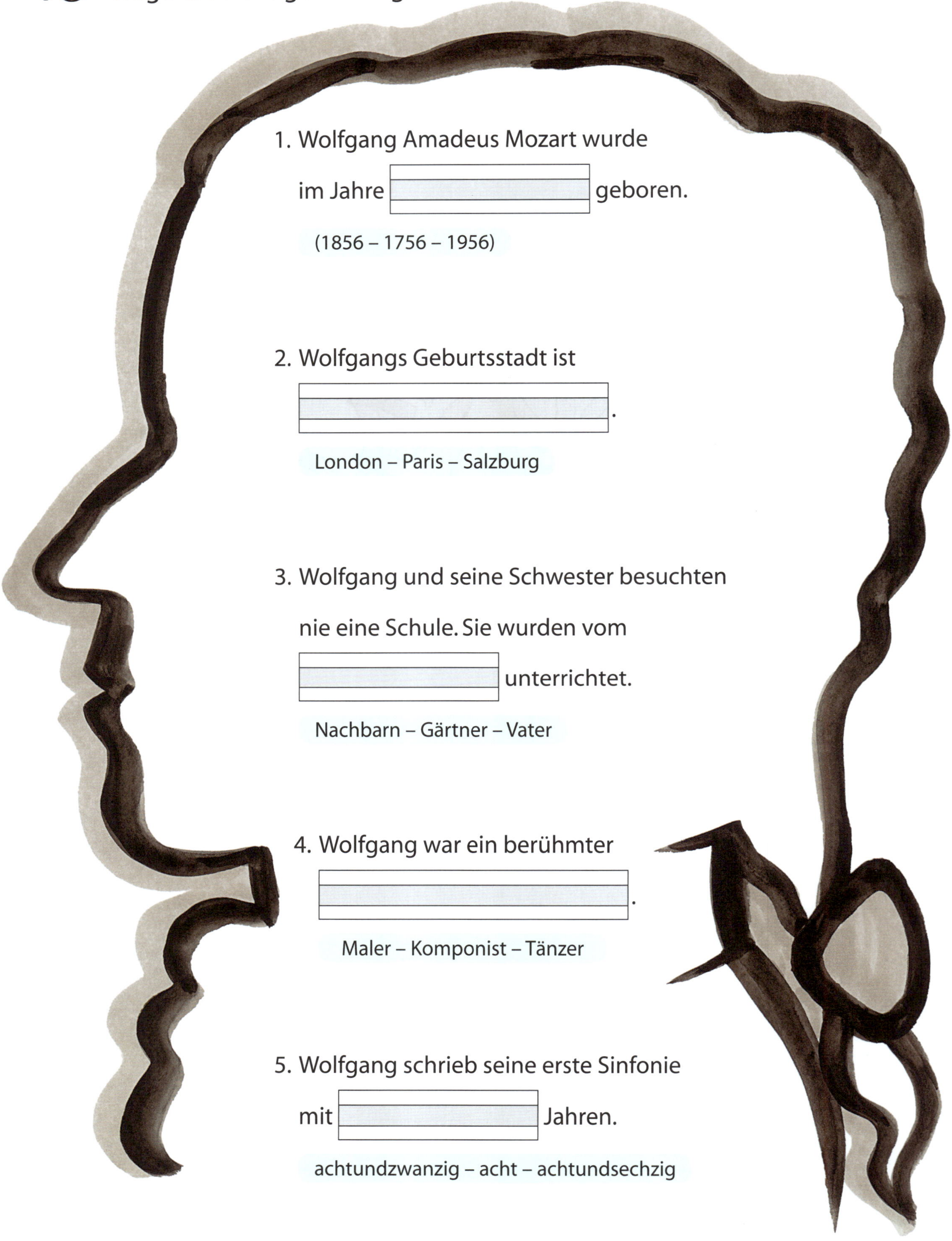

1. Wolfgang Amadeus Mozart wurde im Jahre ________ geboren.

   (1856 – 1756 – 1956)

2. Wolfgangs Geburtsstadt ist ________.

   London – Paris – Salzburg

3. Wolfgang und seine Schwester besuchten nie eine Schule. Sie wurden vom ________ unterrichtet.

   Nachbarn – Gärtner – Vater

4. Wolfgang war ein berühmter ________.

   Maler – Komponist – Tänzer

5. Wolfgang schrieb seine erste Sinfonie mit ________ Jahren.

   achtundzwanzig – acht – achtundsechzig

Musik von Mozart – meine Bilder

zu Seite 152, 153

Höre die Musik und male ein Bild zu jedem Stück.

D 27 (Eine kleine Nachtmusik), D 28 (Klavierkonzert), D 29 (Klarinettenkonzert) und D 32 (Requiem) hören und dazu vier Bilder malen

Schneide die Bilder auf Seite 31 aus und klebe sie an der richtigen Stelle ein.

Handtrommel	Triangel	Klanghölzer	Becken

Die Instrumente auf Seite 31 ausschneiden und so auf dem Gitter verteilen, dass in jeder Spalte, jeder Zeile und in jedem Vierer-Feld jedes Instrument nur einmal vorkommt; das Sudoku auch mit den Instrumenten im Musikraum spielen

Löse das Rätsel und finde das Lösungswort.

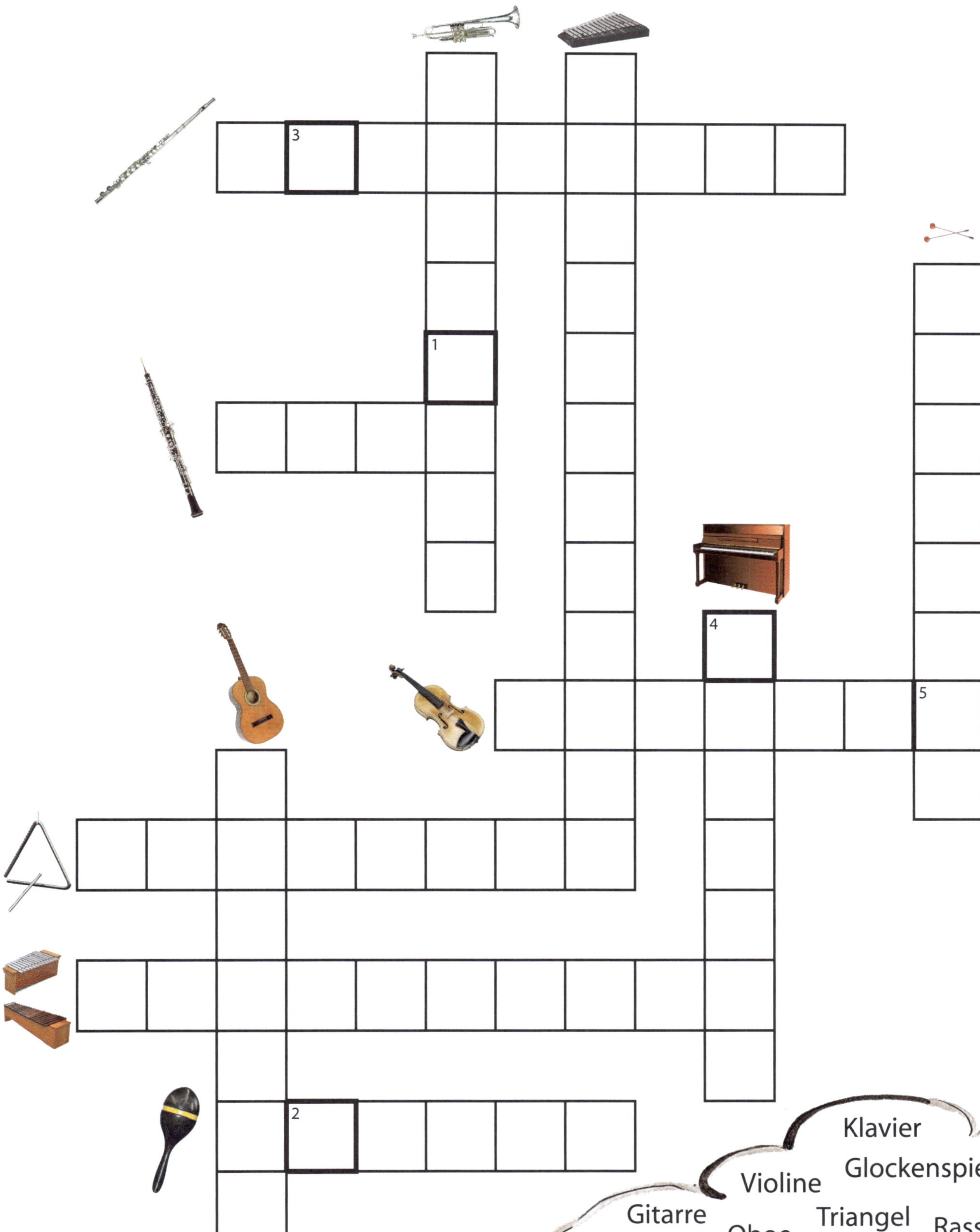

Klavier, Glockenspiel, Violine, Gitarre, Oboe, Triangel, Rassel, Schlägel, Trompete, Querflöte, Stabspiele

Lösungswort: | 1 | 2 | 3 | 4 | 5 |

Die richtigen Begriffe in das Rätsel eintragen; die Kästchen mit den Nummern bilden das Lösungswort

Ordne die Instrumente den Namen zu.
Welche zwei Instrumente hörst du? Schreibe auf.

Pauke

Klarinette

Horn

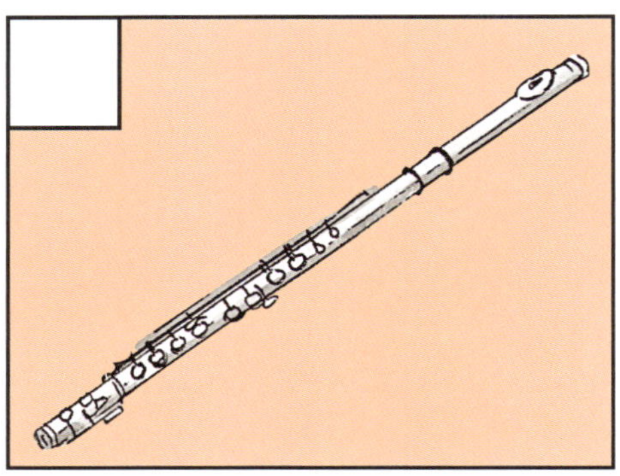

Querflöte

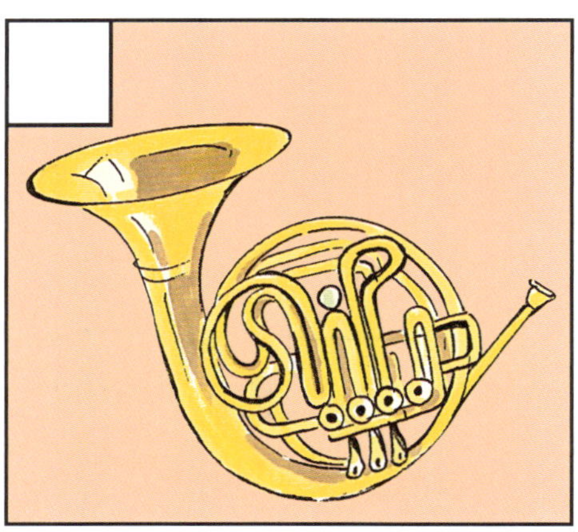

Violine

Es sind diese zwei Instrumente zu hören:

Die Instrumentennamen mit den Abbildungen durch eine Linie verbinden; zwei Instrumente ankreuzen, die auf CD 36 zu hören sind; die zwei Instrumentennamen aufschreiben

Schneide die Bilder auf Seite 31 aus und klebe sie an der richtigen Stelle ein.

laut

mittellaut

leise

Spiele die Tempo-Bausteine und ordne sie den Wortkarten zu.

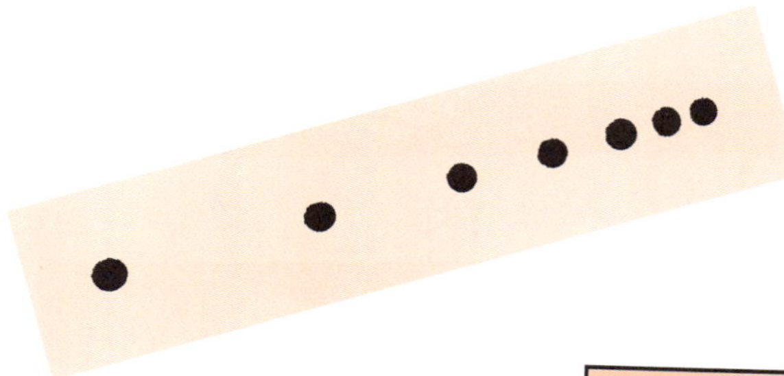

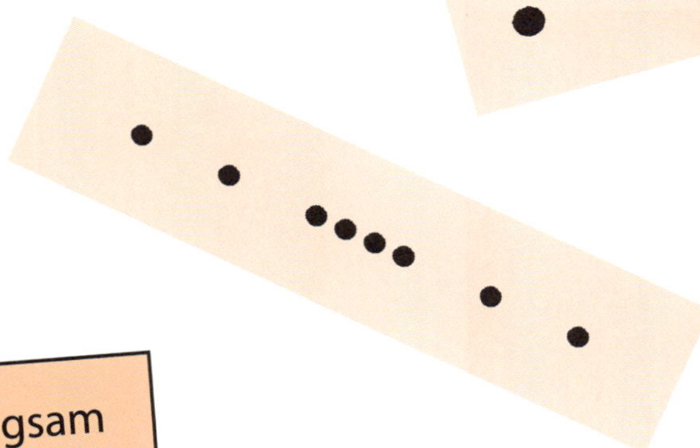

schneller werdend

langsam

langsam – schnell – langsam

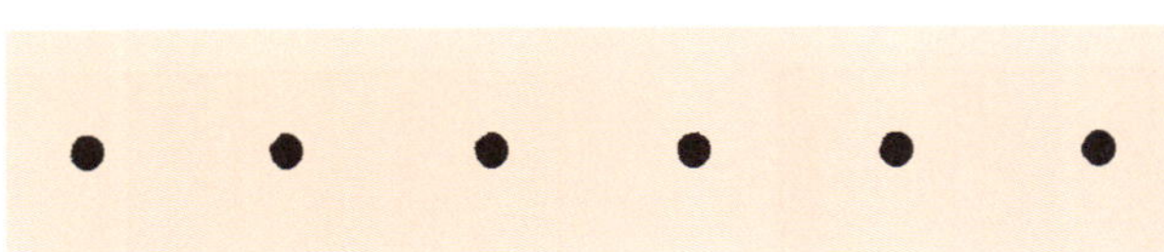

langsamer werdend

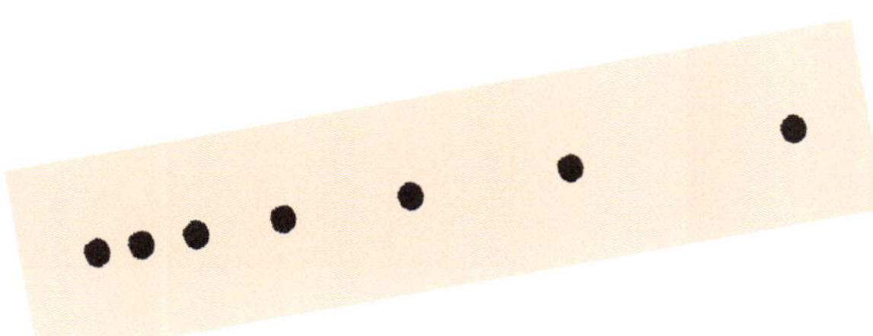

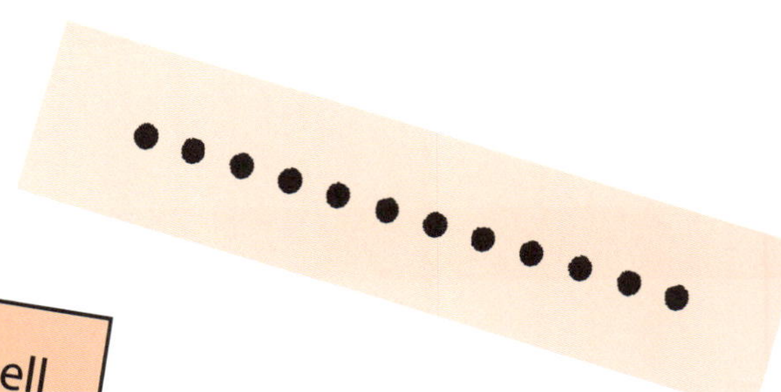

schnell – langsam – schnell

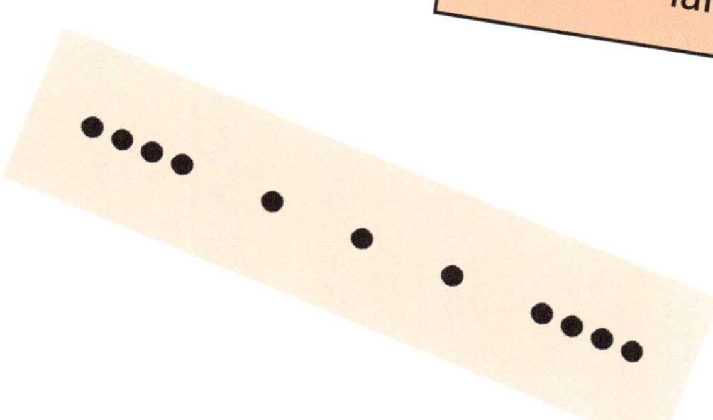

schnell

Die Tempo-Bausteine klatschen oder auf einem Rhythmusinstrument spielen und mit der jeweils passenden Wortkarte verbinden

Ausschneidebogen

zu
Seite 26

zu
Seite 29